I0026445

DU

CHEVAL A DEUX FINS

ET DE

SA PRODUCTION

Au moyen du croisement arabe avec le percheron

PAR

G. CASTEL, de Nancy.

GARDE GÉNÉRAL DES FORÊTS A MUNSTER, MEMBRE DE LA SOCIÉTÉ D'AGRICULTURE
DU HAUT-RHIN.

La nature est plus belle que l'art et d'un être animé la liberté
des mouvements fait la belle nature.
BUFFON.

NANCY

IMPRIMERIE DE Vᵉ RAYBOIS

Rue du faub. Stanislas, 3.

1863.

DU

CHEVAL A DEUX FINS

ET DE

SA PRODUCTION

Au moyen du croisement arabe avec le percheron

PAR

G. CASTEL, de Nancy.

GARDE GÉNÉRAL DES FORÊTS A MUNSTER, MEMBRE DE LA SOCIÉTÉ D'AGRICULTURE
DU HAUT-RHIN.

La nature est plus belle que l'art et d'un être animé la liberté
des mouvements fait la belle nature.
BUFFON.

NANCY

IMPRIMERIE DE Vᵉ RAYBOIS
Rue du faub. Stanislas, 3.

1863.

C.

Nancy, imprimerie de vᵉ Raybois, rue du faub. Stanislas, 5.

DU CHEVAL A DEUX FINS

ET

DE SA PRODUCTION

Au moyen du croisement arabe avec le percheron

I.

De toutes nos races de chevaux français, aucune ne représente le type si intéressant du cheval dit à deux fins, qui satisfait cependant à tant de besoins, qui convient pour le cabriolet, la poste, la demi-fortune, la selle, le voyage et le trait dans certaine proportion. Intermédiaire, entre les chevaux communs et les chevaux fins proprement dits, c'est celui qui est destiné à monter la cavalerie de ligne. — Ces chevaux doivent être produits par les races communes, qui se transforment, les plus petites, en recevant une meilleure nourriture ; les autres, en se croisant avec des chevaux fins convenablement appropriés. Sans avoir la distinction de ces derniers, ils ont la croupe moins inclinée, l'épaule plus oblique, l'avant-bras plus long, le système sanguin plus apparent que le vrai cheval de poste.

La conformation du cheval à deux fins, doit être un intermédiaire entre celle de ce dernier cheval, et du cheval purement de selle. Il doit être solidement constitué et avoir des allures rapides ; il faut en outre qu'il ait des réactions douces et soit facile à conduire.

Le poids du corps n'est d'aucune utilité, surtout celui de l'avant-main, puisque, dans la majorité des circonstances, le cheval n'a pas à employer ce poids pour démarrer un fardeau pesant ; un abdomen volumineux, des pieds lourds, ne peuvent que nuire à son service ; une encolure longue, forte, une tête lourde, surchargent inutilement les membres antérieurs, l'animal les soutient difficilement, il est exposé à raser le tapis, à s'abattre, ses allures sont peu rapides et manquent de brillant.

Le cheval à deux fins aura les jambes larges, courtes et droites, bien disposées pour la force ; le garrot haut et susceptible d'offrir un bras de levier long, aux muscles qui s'y insèrent ; la poitrine ample, l'avant-train léger, les quatre membres d'aplomb, surtout les antérieurs, les genoux, les boulets et les tendons, forts ; le déplacement devra se faire dans chaque bipède latéral, suivant un plan parallèle au *median*. Pour réunir les conditions de vitesse aux conditions de force, il aura la tête légère, bien attachée ; une encolure lourde, avons-nous dit, charge l'avant-train ; quand elle est fortement rouée, son bord inférieur forme une concavité, et la respiration dans les allures rapides n'a pas toute la liberté nécessaire ; en outre, avec une encolure qui offre cette conformation, les chevaux s'encapuchonnent facilement et se dérobent ainsi à l'action de la bride. Le corps sera d'une longueur moyenne ; les lombes courtes, car la longueur du tronc doit venir de la longueur du thorax prolongée en arrière de l'épaule, et de la croupe, qui doivent être rapprochés pour soutenir les vertèbres lombaires.

On recherchera des épaules longues et obliques, des avant-bras, des jambes, larges et garnis des muscles bien dessinés ; des

jarrets forts, des canons courts et des tendons gros et bien détachés des os qu'ils longent.

Le cheval devant être propre à la selle, on tiendra à ce qu'il
ait un paturon de demi-longueur, quoique toutefois l'excès de
longueur soit plus à éviter que l'opposé; on devra désirer qu'il
soit aussi pourvu d'un grand développement du système veineux
sous-cutané, indice de l'énergie et de la force.

Enfin, le cheval dont nous parlons, étant destiné à être à la fois
cheval de troupe, il devra être vif, mais assez patient pour ne pas
s'émouvoir du tumulte; il devra être robuste et sobre, capable
d'endurer les fatigues et de résister aux changements de temps,
peu difficile sur la nourriture, susceptible d'endurer la faim et la
soif.

Tels sont, selon nous, les caractères principaux du cheval à
deux fins, et c'est en examinant successivement ces caractères,
que nous allons rechercher quel est le moyen le plus convenable
de le créer dans notre pays, avec le plus de chance de réussite
et de durée.

II.

A la tête des races de chevaux que la France possède, se place,
tant par les caractères spéciaux qui les distinguent, par leur
pureté et leur constance, que par l'excellence des services, la race
percheronne, c'est d'elle dont nous avons surtout le droit de nous
enorgueillir : sobre, énergique, courageux, bien proportionné,
d'un tempérament robuste, construit tant pour le trait que
pour les allures vives, le cheval percheron est incontestablement
celui de tous nos chevaux français, qui mérite le plus d'attirer
l'attention.

Les caractères du cheval percheron sont les suivants : corps cylindrique, bien proportionné, taille de $1^m 55^c$ à $1^m 60^c$, côte ronde, garrot épais et bien sorti, rein large et parfaitement soutenu ; charnue et peu inclinée, la croupe soutient une queue bien attachée ; les hanches sont saillantes, espacées et bien sorties. Par sa longueur et son obliquité, l'épaule correspond à la belle conformation de la croupe. L'encolure forte, généralement rouée, porte une tête un peu longue, mais expressive, quoique le chanfrein soit souvent saillant, convexe au-dessous du front ; les membres sont bien plantés, bien musclés, mais souvent un peu forts, quoique peu chargés de crins ; les pieds bien faits et d'excellente qualité, quelquefois un peu gros. Le poil généralement gris pommelé, un peu gris-fer dans la jeunesse.

Vers l'Ouest, du côté de l'Aigle et de Mortagne, le cheval percheron se rapproche beaucoup du cheval breton, il prend alors moins de taille, la croupe se raccourcit, les hanches s'effacent, et nous ne pensons pas qu'il constitue, à proprement parler, le vrai type de la race percheronne. Ce type, celui dont nous nous occuperons dans le courant de cette étude, le seul auquel nous attribuons les caractères d'une race certaine, fixe et constante, se trouve dans les départements d'Eure-et-Loir et de Loir-et-Cher.

C'est là que l'on trouve le vrai percheron, formant race, à épaules obliques, à croupe longue, à hanches bien sorties, à membres secs et forts. Cheval fort et ardent en raison de l'avoine qu'il consomme, dans le jeune âge, presqu'à discrétion.

Les départements voisins contiennent certainement quelques percherons purs, mais surtout beaucoup de chevaux bretons et poitevins, choisis, de poil gris et bien conformés, amenés dans le Perche à l'état de poulains, et rendus, par un régime analogue, plus ou moins ressemblants aux vrais percherons, ressemblance à laquelle, toutefois, les vrais connaisseurs ne se tromperont jamais. Nous avons donc bien établi, pour la suite, que c'est du percheron pur seulement que nous entendons parler.

C'est surtout au service [de l'artillerie que l'utilité du cheval percheron est plus éclatante : d'une santé de fer, il entraîne avec courage les pièces sur les coteaux les plus escarpés, et au moment périlleux il peut à une allure rapide opérer vivement un changement de front, tant sa vaillante nature se prête avec complaisance à tous les besoins du service. Tel est le cheval percheron dont l'œil étincelant, les cris bruyants, la belle humeur, fait, l'a-t-on dit, le cheval le plus franc et [le plus gai de la cavalerie française ; franc du collier, joignant une grande force musculaire à des allures rapides (1).

Le cheval percheron est d'une production moins chanceuse et moins chère que le normand, plus fort et plus [distingué que le breton et l'ardennais, de plus de résistance et de taille que le navarrin ; il semble de tous nos chevaux le plus apte à représenter ou plutôt à produire, au moyen de quelques modifications, ce cheval qui nous manque et que nous avons désigné sous le nom général de cheval à deux fins.

Cependant, malgré ses précieuses et incontestables qualités, le cheval percheron ne peut, dans l'état où il se trouve, et sauf certaines individualités, être considéré comme cheval à deux fins.

(1) Les courses qui ont eu lieu à Montdoubleau, dans le courant de septembre 1862, ont donné les résultats suivants : deux juments attelées à une voiture à quatre roues ont fait quatre kilomètres en 10 minutes 4 secondes. La course la plus rapide a été accomplie par une jument de cinq ans, qui a mis 8 minutes pour franchir les quatre kilomètres. La vitesse moyenne pour les quarante-six bêtes qui ont couru a été de 8 minutes 58" pour quatre kilomètres ; ces résultats montrent ce qu'on peut attendre de la race percheronne, aussi rapide qu'elle est puissante.

Sous le rapport de la vigueur, de la vitesse il ne laisse rien à désirer, mais il n'en est pas de même quant à ce qui concerne son emploi à la selle. La tête et l'encolure, d'un poids considérable, chargent inutilement l'avant-main, exposent le cheval à buter, et sont d'un maniement difficile; cette dernière, généralement fortement rouée, n'est pas de nature à rendre la respiration facile aux allures vives. Le cheval est souvent court jointé, ce qui donne lieu à des réactions fatigantes pour le cavalier; en outre, les chevaux percherons généralement gros mangeurs, ne tardent pas à devenir forts et pesants, ce qui en rend l'emploi impossible à la selle, et compromet la facilité et la rapidité de leurs allures.

La question peut donc être formulée de la manière suivante : conserver au cheval percheron son tempérament robuste, son thorax ample, son corps cylindrique et bien proportionné, son rein large et soutenu, sa croupe peu inclinée, ses hanches saillantes, espacées et bien sorties: modifier son avant-main, donner de la finesse à la tête, enlever du poids à l'encolure, à l'avant-main; en général, modifier les membres en les dégrossissant, tout en conservant leur vigueur et donner enfin aux extrémités du liant, afin de produire en même temps la douceur des allures.

Avant de pousser plus loin cette étude, nous tenons à prévenir une objection qu'on ne manquera de nous faire, à savoir; que la race percheronne est parfaite pour la destination qu'elle a à remplir, et qu'il y a danger à toucher au peu que nous avons de chevaux qui soient à l'abri de reproches; il est loin de notre pensée de songer à faire disparaître une bonne race percheronne par des croisements destinés à la remplacer par une autre plus légère et issue d'elle; nous disons seulement qu'il y a lieu de se servir de cette même race, tout en la conservant dans sa pureté pour produire à côté d'elle, et participant à ses qualités, une catégorie de chevaux propres à la voiture, à la selle et au besoin au trait léger,

sans anéantir le type originel ; nous ajoutons, toutefois, qu'il y a
lieu de le modifier en allégeant certains de ses produits suivant
les besoins, même au point de vue du trait ; le halage sur les
canaux existe à peine et n'occupe que peu de chevaux de gros
trait ; l'ancien roulage est remplacé par des moyens de transport
plus actifs, plus accélérés, établis sur toutes les routes mises en
communication avec les chemins de fer ; l'agriculture, qui se
ressent de ce mouvement, éprouve elle-même le besoin d'autant
de célérité que de force, pour le transport de ses produits : puisque le temps c'est de l'argent ; à ces considérations, si l'on ajoute
la nécessité pour l'arme de la cavalerie de se servir de chevaux
plus rapides, à raison des changements nouveaux apportés dans
la manière de faire la guerre ; et l'usage presque exclusif, dans les
classes où l'on s'occupe d'industrie, de commerce, d'affaires ou
de ses commodités et de ses plaisirs, de chevaux qui réunissent la
vitesse et la force à la beauté des formes ; on sentira toute l'importance qu'il y a à produire une espèce chevaline d'une utilité si
générale et tous les avantages qu'on peut en retirer la plus grande
abondance et la meilleure qualité des fourrages, fournis par les
progrès de l'agriculture, et une disposition généralement plus saine
et mieux entendue des écuries à la campagne, en donnent le
moyen.

III.

Examinons, maintenant, quel est le cheval susceptible de donner au percheron les qualités qui lui manquent, sans lui enlever
celles qu'il possède, et pour cela, reportons-nous aux principales
règles qui doivent guider dans le choix de l'étalon améliorateur.

1° Chacun sait que le mâle donne généralement la conformation des parties antérieures du corps, celle des extrémités, la force, l'énergie, la sobriété, l'aptitude au travail; tandis que la mère donne la taille, le volume du corps et la forme du train postérieur. Peut-être a-t-on trop généralisé ce principe, mais l'expérience en démontre chaque jour la vérité, non-seulement sur le cheval, mais sur tous les animaux : le mulet ressemble à l'âne par les pieds, les oreilles et la tête, l'énergie et la sobriété; à la jument, par l'épaisseur de la poitrine et la grosseur de la croupe; tandis que le bardot a la tête de l'ânesse, à laquelle il ressemble par ses formes sveltes. Les produits d'une vache de race commune et d'un taureau sans cornes, sont plus souvent dépourvus de ces appendices, que les bêtes issues d'une vache sans cornes et d'un taureau de notre pays. En matière chevaline, les exemples sont plus nombreux encore (1).

(1) Pour ne rien omettre d'essentiel sur un sujet qui offre un si grand intérêt, il faut ici mentionner la part plus grande qu'on a attribuée à la femelle sur l'*ensemble* de la *constitution* du produit chez presque tous les animaux, les chevaux entr'autres; ce qui explique pourquoi la généalogie des bêtes de race de cette espèce, est établie par les mères, dans presque toutes les contrées de l'Orient.

Une autre remarque qui contredit quelque peu celle qui précède, c'est qu'en général *les ressemblances et les défauts physiques, comme les qualités et les vices de caractère se transmettent plutôt de la mère au rejeton mâle, et du père au rejeton femelle, et que le père et la mère sont mieux représentés à la deuxième génération qu'à la première.* Les conséquences qu'on devrait tirer de ces observations, si l'exactitude en est bien établie, sont :

1° Qu'on ne devrait, à la deuxième génération, n'accoupler que les produits les plus similaires et les mieux réussis, émanés du croisement opéré dans la première; et ne point faire unir des sujets de races et d'espèces disparates, par exemple une jument de gros trait, commune et difforme avec un étalon léger et trop fin pour elle; puisque plus la dissemblance sera grande, plus il faudra de temps et d'accouplements répétés pour réaliser les modifications et l'amélioration désirées.

2° Il est bien établi que l'influence de la race sur la reproduction, est d'autant plus sensible, que l'élément améliorateur appartient à une race plus ancienne, mieux formée, et à caractères plus
fins. On constate alors que le produit de la conception ressemble
principalement à la race la plus ancienne.

Ce dernier fait s'observe surtout, si le reproducteur, dont les
caractères sont variables, a été dépaysé, s'il a été importé dans
un climat différent de celui où sa race se forme. De cette obser-
vation résulte la nécessité de n'employer pour le croisement que
des animaux appartenant à des types bien formés.

3° Il est reconnu que l'on obtient des produits meilleurs quand,
tout en n'alliant pas des animaux présentant des différences exa-
gérées, on met en contact des sujets provenant de climats diffé-
rents, surtout en transportant les reproducteurs des climats
chauds dans des climats tempérés. N'admettre aucune exception
à ce principe serait tomber dans l'exclusivisme, mais il est cer-
tain que les animaux et leurs produits souffrent plus de s'avancer
vers les zones chaudes que de celles-ci vers les tempérées, cela
tient à l'abondance et à la qualité relative des fourrages, si l'on
compare les contrées tempérées aux contrées chaudes, et en
même temps, à la plus grande facilité qu'il y a de se garantir du

2° Qu'il faudrait poursuivre pendant plusieurs générations les amé-
liorations et le croisement dans le sens où ils ont été commencés, en se
servant toujours d'étalons appartenant *aux deux seules races* dont on a
primitivement fait choix, pour les modifier l'une par l'autre.

3° Qu'il y aurait peut-être plus d'avantages pour la prompte multi-
plication et l'amélioration des races de chevaux en France à ce qu'il y
ait concurremment des dépôts de bonnes juments, dont les produits
seraient vendus chaque année, au lieu de haras d'étalons qui ont à
desservir des circonscriptions trop étendues, dont les sujets ne sont pas
assez ménagés et n'accomplissent plus l'acte de la reproduction avec
toutes les conditions qui peuvent en assurer le succès et faire obtenir de
beaux produits.

froid que du chaud. Ce principe avait été déjà constaté par Buffon. « Dans le climat tempéré de la France, » dit-il, dans son *Histoire des animaux domestiques*, « il faut faire venir des » étalons des pays chauds, les chevaux barbes, surtout les arabes, » si l'on en peut avoir, doivent être préférés. »

4° On ne doit pas tirer les types améliorateurs d'une contrée où les animaux sont mieux nourris, soumis à des soins plus délicats, que là où l'on veut les introduire. C'est de la nourriture surtout que dépend le succès de l'introduction des races et la possibilité de les acclimater. Il est donc d'un grand intérêt de savoir si l'étalon améliorateur a été habitué à une nourriture plus abondante et plus choisie, à des soins plus délicats et plus suivis que ceux destinés plus tard à ses descendants, et de repousser celui auquel il faut une hygiène et un régime difficiles à réaliser dans le pays d'élevage des produits.

5° Parmi les règles nombreuses qui concernent le choix du reproducteur, comme individu, relativement à sa forme, règles générales d'une application indispensable, toutes les fois qu'on veut opérer un croisement, et dans le détail desquelles nous n'entrerons pas, il en est une *essentielle* sur laquelle nous insisterons. C'est celle qui est relative à la taille de l'étalon. Il est d'expérience constante, qu'il faut toujours donner aux juments des étalons plus petits qu'elles, sous peine de n'obtenir que des produits hauts sur jambes, à flancs retroussés, disproportionnés, décousus et sans fond. Le docteur Cline, donne à ce fait une explication basée sur des considérations physiologiques d'une valeur irréfutable. « Le germe, » dit-il, « tient du père, quand celui-ci » est grand, le fœtus est volumineux; si la mère est petite elle » ne peut fournir au produit de la conception, ni un espace » suffisant, ni une nourriture assez abondante. Après la nais- » sance, le poulain ne trouve dans le lait de la mère qu'une

» nourriture insuffisante, la nutrition se fait mal, la constitution
» devient mauvaise et il ne forme jamais un animal d'un bon
» produit. Quand, au contraire, la mère est plus grande que le
» père, le fœtus se développe régulièrement, les organes essen-
» tiels deviennent volumineux. Les poulains engendrés dans ces
» conditions deviennent forts, sont vigoureux, rappellent l'am-
» pleur si recherchée dans le père, se nourrissent facilement et
» donnent beaucoup de produits. »

A ces règles viennent s'en ajouter subsidiairement d'autres,
mais celles que nous venons de rappeler succinctement, sont les
principales, celles qui doivent les premières être prises en considération dans le choix de l'étalon améliorateur ; elles sont admises
par les auteurs les plus compétents dans la question, et notam-
ment conformes aux principes établis par Bouchardot, Richard et
M. Magne, de l'école d'Alfort, dont le remarquable ouvrage sur
les animaux domestiques fait loi en pareille matière. Elles sont,
en outre, conformes à l'expérience, et c'est en nous reportant
successivement et pas à pas à chacune que nous allons examiner
quel est l'étalon qui se trouve le plus complétement indiqué par
elles, pour l'amélioration à introduire dans la race percheronne,
au point de vue que nous avons mentionné. Nous ne nous arrê-
terons pas aux croisements français, dont quelques-uns peuvent
peut-être donner par hasard, des produits convenables, mais que
nous ne considérons pas comme de nature à atteindre d'une
manière générale et certaine le but que nous avons proposé, en
raison du peu de fixité et d'ancienneté de nos races améliorées.

Nous ne pouvons admettre que l'étalon anglo-normand, par
exemple, celui dont le croisement semblerait le plus favorable
à la race percheronne, soit de nature à donner à une race
aussi fine et aussi caractérisée que cette dernière, quand elle est
pure, les caractères que nous cherchons à lui imprimer. Nous

répétons encore ici, pour éviter les malentendus qu'en parlant de la fixité de la race percheronne, nous entendons la race pure, celle qui existe dans les départements d'*Eure-et-Loir* et de *Loir-et-Cher*, race que nous considérons comme spéciale, entièrement constante et non des chevaux de Mortagne et autres, auxquels le régime donne une partie des caractères percherons.

Nous reconnaissons une certaine valeur aux demi-sangs comme reproducteurs en général, lorsqu'on les accouple à une race bien déterminée ; la grande difficulté est de trouver des étalons parfaitement réussis, les résultats moyens qui ont été constatés des croisements opérés par les anglo-normands, ne sont pas de nature à nous permettre d'en conseiller l'emploi au point de vue de l'amélioration d'une race possédant déjà autant de qualités que la percheronne.

Des considérations du même genre et plus sérieuses encore s'opposent à l'emploi de nos autres races, moins perfectionnées et plus variables encore dans leurs produits que l'anglo-normand.

Nous verrons plus loin ce que nous pensons des chevaux bretons et autres perchisés au moyen du régime et de ce que l'on pourrait en attendre par le croisement au point de vue que nous considérons.

IV.

Nous pensons qu'on ne peut songer à créer avec le vrai percheron des produits stables, qu'en le croisant avec des races *entièrement pures*, la question est donc ramenée à celle-ci. Quel est l'emploi le plus avantageux, au point de vue de la création du cheval à deux fins, au moyen de la race percheronne, ou du croisement anglais, ou du croisement arabe ?

Examinons-les parallèlement et pour cela passons en revue les règles que nous avons rappelées, relativement au choix de l'améliorateur et comparons avec elles chacun des reproducteurs anglais et arabe.

La 1re règle n'implique pas d'objection absolue contre le croisement anglais, le devant du cheval de sang et ses membres sont évidemment irréprochables, ce qui cependant ne s'applique qu'aux individus bien corsés et non aux chevaux de course à garrot tranchant, à membres hauts, au flanc long et retroussé, dont l'emploi comme étalons ne peut être assez évité.

Il n'en est pas toutefois de même du caractère, qui suivant cette règle est aussi imprimé par l'étalon ; le cheval de sang est délicat, demande des soins constants, une nourriture choisie, il est souvent emporté, peu maniable, en raison de la rigidité de son encolure. Ce ne sont pas là les qualités que nous cherchons à produire chez le cheval à deux fins, le cheval de ligne, qui doit être patient, souple, rustique, obéissant. Nous admettons cependant, que malgré cette grave considération, l'emploi du cheval de sang ne soit pas en contradiction flagrante avec la 1re règle.

Voyons parallèlement, l'avantage que peut présenter l'emploi de l'étalon arabe. En quoi avons-nous constaté que péchait le percheron, comme cheval à deux fins ? Tête trop longue et trop pesante, encolure trop lourde, peu flexible et trop fortement rouée, membres souvent trop épais, paturons trop courts, ventre trop large, besoin d'une nourriture trop abondante. L'étalon arabe destiné à agir sur la forme de l'avant-main, apportera une tête sèche, fine et bien attachée, un œil grand et expressif, des oreilles bien plantées, des naseaux largement ouverts, une encolure légère, facile et bien sortie, conduisant une trachée large et bien libre dans son parcours, un garrot épais et élevé, une ligne dorso-lombaire bien soutenue, une poitrine longue et large, des épaules larges et charnues, un avant-bras long développé d'avant en arrière, pourvu de muscles fermes et saillants, des genoux gros et bien évidés, des tendons solides et détachés, des paturons de longueur moyenne. Comme caractère, il apportera de la docilité, de la douceur, de l'intelligence, de la vigueur, de la patience, de la sobriété et une durée presque inépuisable jusqu'à son dernier moment. La croupe du produit conservera la forme de celle de la jument, elle demeurera saillante, à hanches bien sorties, un peu charnues et fournies de muscles pour suppléer au poids de l'avant-main, dans le cas où le cheval à deux fins aura à enlever une voiture pesante; de la jument le produit conservera encore, des lombes courtes et étroites, une côte ronde, un tronc cylindrique et bien conformé pour la résistance et le fond.

A l'examen de la seconde règle, il est facile de se convaincre que l'étalon de sang anglais ne convient que très-incomplétement comme améliorateur du percheron. La race percheronne, telle que nous l'avons considérée au début, est entièrement fine, parfaitement établie et constante ; les produits obtenus par appareillement convenable entre percherons purs présentent toujours des caractères constants et indélébiles. Peut-on vraiment considérer la race anglaise comme suffisamment fixe pour imprimer à la percheronne d'ancienneté au moins égale, et habitant un climat différent des caractères durables ; et ne doit-on pas plutôt dire que la race anglaise créée seulement à la fin du XVIIe siècle, est généalogique plutôt qu'ancienne? on invoquera en vain les caractères constants du cheval de course quel que soit le pays où il a été produit. Préservé de l'influence du climat par les écuries dont il sort rarement, par les couvertures dont il est toujours entouré, recevant partout la même nourriture et les mêmes soins, soumis partout au même régime, il ne saurait offrir de grandes différences, quel que soit le climat où il ait été élevé. Mais que l'on mette le même cheval dans les conditions ordinaires, dans celle où se trouve le cheval en campagne, par exemple, qu'on lui enlève pendant deux ou trois générations, le sol, le climat, les herbages des Iles britanniques, les conditions économiques qui favorisent sa production dans la Grande Bretagne, et l'on verra le cheval dégénérer promptement, changer quoique sans croisement, sa peau s'épaissir, son ardeur s'en aller en fumée, ses flancs se retrousser outre mesure, ses muscles s'amollir, le système lymphatique prédominer sur le système nerveux ; on le verra redevenir cheval commun et ne conserver de la race que sa santé délicate ; et chacun n'a-t-il pas constaté la différence énorme que subit en deux ou trois ans le même cheval de sang, acheté en Angleterre, s'il ne tombe pas entre les mains d'un propriétaire riche, pouvant le maintenir artificiellement et à force de dépenses dans des conditions analogues à celle du pays producteur. La masse énorme de produits manqués que nous avons sous les yeux ne serait-elle pas un argument suffisant contre cette prétendue fixité. — Le cheval anglais dont nous sommes loin de constater l'excellence dans le pays qui lui est propre ou dans des circonstances entièrement semblables ne présente pas, selon nous, une fixité véritable, un tempérament assez constant pour être employé comme améliorateur d'une race complétement et anciennement établie dans un pays dont les ressources quoique remarquables, ne suffiraient qu'incomplétement au développement du cheval anglais. — Le cheval arabe, au contraire, présente au plus haut degré cette fixité, qui seule peut imprimer son caractère d'une manière ineffaçable ; il serait superflu de s'étendre beaucoup sur ce point ; la race arabe est séculaire. Déplacez-le, changez son régime, vous verrez peut-être les produits se modifier quelque peu, mais ils conserveront toujours une grande partie des formes et des qualités de ceux qui les ont produits. Quelque

caractérisée que soit la race percheronne, quelques constants que soient ses produits normalement obtenus, la race arabe sera toujours susceptible de lui imprimer la plupart de ses caractères propres. L'emploi de l'étalon arabe est donc entièrement conforme à ce principe si positivement établi que la 1re qualité de l'étalon est d'appartenir à une race ancienne et se reproduisant avec des caractères constants.

La 3e règle a pour but principal d'établir que les produits doivent se trouver dans des conditions de climat au moins aussi favorables et aussi faciles à supporter par eux que celles où se trouvent les parents. L'irrégularité, l'inconstance de notre climat est pour le cheval anglais la cause d'une foule de maladies de la peau, de la poitrine et des yeux, il lui faut, comme nous l'avons fait sentir déjà plusieurs fois, la température uniforme du pays où il a été produit.

Le cheval arabe, au contraire, ne fait que gagner au change; les froids modérés de nos hivers ont sur sa santé une influence infiniment supportable, comparativement aux chaleurs énervantes des étés du midi, qui peuvent enlever de la force à l'animal par la transpiration; et jamais les transitions de température entre les jours et les nuits ne sont aussi brusques et aussi dangereuses chez nous que dans les pays où le cheval arabe y est sans cesse exposé. Au reste, la question de savoir comment les chevaux arabes peuvent supporter le froid, a été tranchée par la manière dont les barbes de nos chasseurs ont supporté les hivers de Crimée, et la comparaison entre eux et les chevaux anglais prouve à quel point les premiers l'emportent en résistance et en rusticité.

La 4e règle nous conseille de n'employer comme reproducteur que des chevaux habitués à des conditions de nourriture et de soins inférieures à celles où se trouve la jument et où se trouveront les produits. Est-il un cheval plus exigent sous ce rapport que le cheval de sang, plus délicat, plus sensible aux privations, aux intempéries, aux changements brusques de température? Nourriture choisie, écurie soignée, climat égal, soins de tous les instants, lui sont indispensables pour conserver sa finesse, son feu, sa rapidité, enlevez-lui tout cela, vous en faites moins qu'un cheval commun dont il finit par se rapprocher sous tous les points, sauf la rusticité. Certes, quelque poussé de nourriture que soit le cheval percheron, on ne peut le comparer sous le rapport des conditions où il se trouve, au cheval anglais; le cheval percheron, cheval de trait ou de diligence, n'a ni les écuries chauffées, ni les couvertures, ni les pansages perfectionnés du cheval anglais, et est plus que lui appelé à supporter sans abri la pluie, la neige, le vent et la chaleur.

Est-il un cheval plus sobre, plus patient, plus robuste, supportant mieux le chaud, le froid, la faim, la soif, le grand air, que le cheval arabe, dont la moitié de l'existence se passe sans abri. Elevé au dehors, habitué aux routes longues et rapides, aux irrégularités de régime, inséparables des hasards des expéditions, supportant également la chaleur excessive des journées et la fraîcheur humide et pénétrante des nuits, d'Orient, il ne peut que devenir, à un degré extrême, vigoureux, dur et sobre.

Les produits élevés dans des conditions semblables à celles du cheval percheron, loin d'avoir à supporter des privations, se trouveront entourés de tous les éléments d'un développement normal et rapide et de toutes les chances de réussite.

En ce qui concerne la 3º règle on nous dira que rien ne s'oppose à ce qu'on puisse proportionner la taille de l'étalon de sang, conformément à ces prescriptions. Nous n'avons pas la prétention de dire qu'on ne trouve pas d'étalons de sang de taille moyenne, ample, près de terre, râblés, réunissant les conditions requises;

mais nous ajouterons que si l'on trouve de semblables étalons de sang, ils sont certainement fort rares, comparativement au nombre incroyable d'étalons élevés, allongés, étroits, hauts sur jambes, efflanqués, d'une irritabilité extrême, dont regorgent nos haras, depuis surtout que l'on a oublié que les courses et l'entraînement avaient, avant tout, pour but l'amélioration de la race chevaline et qu'on en a fait une affaire de genre ou de spéculation basée sur une vitesse excessive et incompatible avec les besoins du service ordinaire, ou de la selle, ou de la voiture. C'est pour arriver à ce résultat futile d'une vitesse inapplicable à tous les emplois, que les Anglais ont successivement altéré leurs produits, et c'est ainsi qu'au lieu de produire des chevaux corsés et solides comme *Eclipse, Shark, Prestess, Sampson*, susceptibles de vitesse et de fond, avec une charge considérable, 70 à 75 kil., par exemple, pour 7,000 mètres, chevaux à poitrine épaisse et profonde, à jambes larges, à membres solides, à articulations souples, à taille moyenne, excellents pour le service et la reproduction; ils se laissent aller, et nous à leur exemple, à un engouement inexplicable pour des produits trop longs, trop hauts, trop étroits, trop ardents, trop peu maniables et ne donnant que des résultats déplorables comme reproducteurs. Il y a donc encore danger, relativement à la taille et aux formes de l'étalon à préconiser le mélange du sang anglais avec le percheron, puisque les 3/4 des étalons de sang se trouvent actuellement dans des conditions contraires sous ce rapport, à un croisement bien entendu.

Combien n'a-t-on pas plus de chances, encore à ce point de vue particulier, de trouver des étalons arabes bien conformés; le cheval arabe est resté ce qu'il était, il n'a été ni efflanqué, ni allongé, ni élevé, ni taré par l'entraînement, son élevage est le même, les conditions de son existence sont constantes, son tempérament, sa constitution sont immuables. On a donc en s'adressant à lui, toutes les chances possibles de faire un choix heureux pour l'étalon. Naturellement plus petit que la jument percheronne, près de terre, et alliant à la finesse, l'ampleur, la force, l'énergie, un système nerveux et sanguin développé à un haut degré, il réunit toutes les conditions d'appareillement indiquées pour donner un produit plus léger sans être décousu.

V.

Après avoir consciencieusement passé en revue à l'un et l'autre point de vue, chacune des règles essentielles que nous avons cru devoir rappeler, nous pouvons en résumer ainsi succinctement l'examen, dans l'ordre que nous avons adopté pour leur examen.

Le croisement du percheron avec le cheval de sang, s'il peut réussir au moyen d'étalons exceptionnels, ne peut avoir, dans l'immense majorité des cas, que de graves inconvénients, car il est contraire à la fois à la logique et à l'expérience.

1. Il ne peut donner à ses descendants qu'un caractère impropre au service du cheval à deux fins et ne fournir qu'un produit délicat, capricieux, souvent dangereux et emporté, dans tous les cas peu maniable, en raison de la rigidité de son encolure.

2. Il n'appartient pas à une race assez ancienne, ou tout au moins, les produits du cheval de sang ne présentent pas assez de fixité, pour qu'on puisse espérer s'en servir avec un avantage suivi dans la modification proposée du percheron.

3 et 4. Il se trouve dans des conditions de climat, de soins, de nourriture, de régime général, entièrement opposées à celles qui doivent entourer presque toujours le cheval à deux fins; ses

produits immédiats et ses descendants ne peuvent que souffrir de cette différence et manquer de force, de durée et surtout de fixité.

5. Enfin il y a une difficulté extrême, surtout dans l'état actuel des choses, à trouver des reproducteurs de sang, convenablement appareillés de taille et d'aspect général avec les juments percheronnes; presque tous sont trop hauts, trop longs, trop efflanqués, pour produire avec elles des résultats sur lesquels on puisse asseoir des espérances fondées.

Le croisement avec l'étalon arabe semble réunir, au contraire, pour le but que nous proposons, toutes les conditions désirables. Comme nous l'avons fait pour le cheval de sang, nous nous résumerons à son sujet, et dans le même ordre.

[1]. L'étalon arabe apportera, une encolure plus fine et plus maniable, une tête plus légère et mieux attachée, allégera l'avant-main, sans compromettre l'ampleur du tronc et de la croupe; il donnera aux produits la sobriété, la patience, la dureté, l'intelligence, la docilité et le courage qui le distinguent.

[2]. L'ancienneté séculaire, la fixité de sa race, donnent toute raison de penser qu'il est appelé à exercer sur une race plus récente et moins fortement assise, des modifications sensibles et durables.

[3 et 4]. Elevé dans un climat chaud, énervant, habitué à supporter les transitions, les brusques changements de température, sobre, pouvant supporter la faim, la soif, la fatigue, les intempéries, le manque de soins, inséparables des expéditions et des marches forcées qui font la plus grande partie de son existence, il se trouve mis dans les mêmes conditions que le percheron, environné des circonstances relativement les plus favorables; ses produits ne peuvent que prospérer, le dépasser en taille et conserver ses caractères d'une manière durable en les unissant à ceux de la race croisée.

[5]. Il y a enfin, une grande facilité à trouver dans une race où les produits manqués sont aussi rares, des étalons corsés, près de terre, à muscles bien sortis, énergiques, à membres secs et nets, à système sanguin, apparent et bien développé; la taille généralement faible en moyenne du cheval arabe se trouve dans les meilleures conditions d'appareillement. Car la nourriture des poulains, le régime auquel ils sont soumis dans le Perche, ne peuvent que les grandir, en leur conservant les qualités distinctives de l'étalon.

C'est en vain que l'on objecterait la finesse du cheval arabe, comparativement à l'étoffe et au volume du cheval percheron; dans le cheval arabe tout indique, en effet, la finesse, la race, la noblesse de l'origine; mais, comme s'il lui avait été donné de réunir toutes les perfections, il a en même temps l'ampleur, la profondeur, la solidité; tout, en lui, exprime la vigueur et l'énergie, un sang actif et généreux semble visible dans toutes les parties de son corps. Peut-on comparer, pour l'objet dont nous nous occupons, le cheval arabe si ancien, de race si noble, si bien équilibré, si complet, chez lequel se trouvent réunis la force et la rapidité, l'élégance et la docilité, au cheval pur sang de nos jours, souvent si disproportionné, rétréci ou trop allongé dans plusieurs parties essentielles; dont la finesse dégénère en transparence, délicat, nerveux, difficile et emporté, comme cela arrive aux sujets qui pêchent dans quelques parties de leur organisation, ayant de l'ardeur et manquant de force, qui semble avoir été formé par l'art, pour des épreuves ardentes et vives, mais de courte durée : c'est avec ce pur sang et le demi-sang ayant souvent encore moins de valeur, que l'on a croisé indistinctement nos bonnes et anciennes races de chevaux français; aux caractères bien définis, formées de longue date par le sol et appropriées, du moins, à ses besoins; si elles manquaient quel-

quefois, des formes désirables ou de conventions, et dont il ne
reste plus aujourd'hui que de rares specimen. Mais on doit
'espérer qu'éclairé par l'expérience et les mauvais produits obtenus
par cette pratique, on reviendra au croisement si logique, si en
rapport avec les règles généralement admises, au moyen du cheval arabe, le cheval type, qui, nous nous plaisons à le répéter,
réunit le mieux la vigueur à la légèreté, la finesse à la solidité, la
beauté des formes au tempérament le plus robuste, et chez
lequel la bonté des services n'a d'égale que leur longue durée.

Nous ne pouvons nous empêcher de rappeler, sans insister
toutefois, que d'abord dans un croisement semblable à celui que
nous indiquons ici, il est plus que jamais indispensable de ne pas
perdre de vue les règles toujours si importantes de l'appareillement. C'est quand on croise une race, qu'il faut surtout attribuer
une grande importance au choix des reproducteurs. Il y aurait
incontestablement contre sens, pouvant choisir des juments de
taille moyenne, bien conformées pour les allures vives, à encolure d'une certaine flexibilité présentant une finesse relative, tout
en réunissant bien complétement les caractères de la race percheronne à s'adresser à des juments de gros trait, à épaule droite,
à coffre démesuré, à membres gros et lourds. Il y a un choix
analogue à faire parmi les étalons ; ce sont les plus trapus, ceux
dont l'ampleur et la profondeur sont le plus considérable, le garrot le plus haut et le plus large, le rable le plus court, les muscles les plus développés, ceux dont l'aspect général indique le
plus de solidité et de résistance, quoique conservant les signes
distinctifs de la race pure, qui doivent être choisis.

Nous rappellerons encore que dans le choix que nous proposons ici de l'étalon oriental comme améliorateur du percheron à
un point de vue spécial, il est essentiel de ne pas perdre de vue
que les croisements étrangers ne peuvent être suivis de succès,

que s'ils sont opérés graduellement. Ainsi, nous pensons qu'il serait avantageux de ne pas revenir à chaque génération au type étranger ; mais de faire reproduire par eux-mêmes les produits du 2ᵉ et du 3ᵉ degré. On fixerait ainsi la race en voie de formation, en facilitant son acclimatation. On alternerait de la sorte, suivant les indications que donneraient les résultats, par des appareillements, entre produits, et des retours à l'étalon pur ; cette règle est du reste bien établie et chacun sait que c'est en l'appliquant avec discernement que l'on peut arriver à communiquer à une race les qualités d'une autre, tout en conservant certains caractères de la première ; mais nous insistons sur ce que son application bien raisonnée, est ici indispensable pour arriver sûrement à de bons résultats.

VI.

Il ne nous reste que quelques mots à ajouter, sur l'élevage des poulains ainsi obtenus, et nous le ferons aussi sommairement que possible.

Il est évident que le croisement le plus favorable ne peut avoir de succès, qu'à condition de soins bien entendus à la jument et au produit. Nous pensons que les poulains provenant du croisement avec l'étalon oriental, devraient être mis, pour que tout concourût à leur accroissement et à leur belle venue, dans des conditions identiques à celles du poulain percheron.

Il est de première importance d'améliorer le régime de la poulinière pendant la gestation comme pendant la lactation ; la ration d'avoine de la jument percheronne doit être, si l'on veut obtenir un bon résultat, poussée par augmentations successives jusqu'à dix-huit à vingt-deux litres, afin qu'elle puisse largement subvenir, sans dépérir elle-même, à la nutrition du produit. C'est aussi par des aliments très-nutritifs donnés aux poulains pendant et après le sevrage, par des soins, des fourrages bien choisis, qu'on peut en faciliter et en régulariser l'accroissement; nous croyons à propos de commencer de bonne heure l'usage de l'avoine : c'est dès le premier mois qu'elle doit être donnée au poulain, par gradation, à partir de un demi-litre jusqu'à ce qu'arrivé à quatre mois il consomme une ration régulière de un litre et demi; ne fût-ce que par économie, l'avoine consommée à cet âge, produisant des résultats infiniment plus considérables, qu'une quantité plus grande donnée plus tard. Ainsi développé par une nourriture substantielle, le poulain devient agile et vigoureux et peut sans fatigue, dès l'âge de deux mois, suivre sa mère aux champs et au pâturage.

Le sevrage doit avoir lieu vers cinq mois, progressivement et en employant d'abord des aliments rafraîchissants et d'une digestion facile : des grains cuits, des carottes, par exemple; il faudra augmenter ensuite, peu à peu la quantité d'avoine. C'est aussi, dès cet âge, qu'on doit l'habituer à se laisser attacher et bouchonner, l'accoutumer à l'homme et au voisinage des chevaux : soins destinés plutôt à le rendre docile qu'à faciliter son développement; il est aussi essentiel, croyons-nous, de donner au produit de l'étalon arabe autant d'exercice et d'air que faire se peut, et de le soustraire, autant que possible, à l'influence d'une stabulation prolongée, en le mettant tous les jours, même en hiver, quand le temps le permet, pendant plusieurs heures, dans des cours ou dans des vergers. En augmentant progressivement l'avoine, on doit arriver à en faire consommer au poulain de dix-huit mois, de neuf à dix litres. C'est en donnant une nourriture substantielle, sous un petit volume, qu'on développe la poitrine, en maintenant l'abdomen peu volumineux.

Un des reproches faits au cheval arabe, reproche sans valeur, si l'on considère ce cheval dans le pays auquel il est propre, mais qui doit être pris en considération au point de vue de ses produits dépaysés, est la conformation de son pied, souvent trop petit, à talons serrés. Cette conformation favorable à la marche sur le sable, et lorsque le pied peut s'élargir librement, devient fâcheuse, lorsque le cheval est appelé à parcourir les routes durement empierrées de notre pays, et lorsqu'il doit en conséquence être soumis à la ferrure. Nous pensons donc que les poulains qui tiendront du père quelque chose de cette conformation, devront être l'objet de précautions particulières. On aura soin d'abord de ne les ferrer que le plus tard possible, sans cependant négliger de lever souvent les pieds et de faire le simulacre de la ferrure, ce qui est très-essentiel ; on donnera à l'écurie une litière épaisse, et on les abandonnera de préférence dans les prés à sol non humide, mais ayant quelque mollesse, afin que le pied puisse se délasser, les talons prendre de l'espace et la fourchette acquérir du développement. Mais il faut veiller aussi à ce que l'allongement du sabot ne nuise pas aux aplombs et ne donne lieu à une déviation des membres ; dans le cas où cela aurait lieu, il faudrait y remédier sans retard, en parant le pied et en diminuant l'ongle là où il est trop long.

Ce n'est pas avant vingt-quatre mois accomplis qu'il convient de faire travailler les chevaux obtenus par le croisement que nous avons indiqué ; mais il serait bon, à cet âge, de leur faire prendre des exercices proportionnés à leurs forces et à leur conformation. C'est le moyen de les rendre dociles, obéissants, de développer leurs organes, de briser leur encolure, de donner de la liberté à leurs épaules, et de se payer aussi d'une portion de leur nourriture. Mais ce travail oblige à de certaines précautions, il ne doit pas exiger d'efforts longs et continus qui fatigueraient la région dorso-lombaire; et donneraient de l'inclinaison à la croupe. Il serait à désirer que le poulain pût être aussi attelé, réuni à d'autres de même âge et de même caractère, à des instruments légers, à des herses, à des sarcleurs, à des chariots légers destinés au transport du fourrage ou du fumier.

Tels sont, sommairement, les soins qui devraient entourer les poulains issus du cheval oriental et de la jument percheronne, pour en faire des produits parfaits; et quelque dispendieux qu'ils paraissent, ils ne sont pas inapplicables, puisque tous les poulains élevés dans le Perche, dans la Beauce et le pays Chartain, sont soumis au régime que nous venons d'indiquer.

VII.

Nous avons encore, avant de terminer, à envisager la question de savoir si la production du cheval dont nous parlons, présenterait aux éleveurs un avantage pécuniaire égal au moins à celui qu'ils trouvent à produire le cheval percheron, ou à perchiser par le régime les poulains qu'ils achètent et amènent dans leur pays.

Le cheval à deux fins, tel que nous proposons de le produire, se trouve, au point de vue des difficultés de l'élevage et de la vente, dans une situation intermédiaire entre les chevaux communs et les chevaux fins proprement dits de carosse ou de selle; il ne peut, en aucune façon, sauf l'âge et la proportion du travail pendant l'élevage, souffrir d'être mis, à très-peu de chose près, au même régime que le cheval destiné exclusivement au trait, puisque dans la majorité des circonstances, il est destiné au trait léger. Il n'a besoin ni de soins aussi constants, ni d'une nourriture aussi choisie que le cheval purement de selle, et la rusticité du cheval de sang arabe s'accommode parfaitement du régime des poulains percherons ; le cheval ne restera pas comme le cheval fin, inactif dans les herbages, et pourra, dès l'âge de deux ans, compenser par son travail, l'augmentation de nourriture favorable à son développement, et cela d'autant plus qu'il avancera en âge. La vente du cheval à deux fins est assurée, tant pour le trait ou la diligence, lorsque les individus auront une tendance à se rapprocher de la mère, que pour la troupe et le service de la grande majorité. Les médiocrités ne tomberont pas ici en non-valeurs comme cela a lieu pour les chevaux fins, dont le prix élevé seul, et la perfection compensent l'élevage coûteux. Ces médiocrités revenant à un prix inférieur, seront facilement employées par les propriétaires des campagnes qui ne s'arrêtent pas à un léger défaut de forme, pour l'achat d'un cheval à la fois de trait et de char-à-bancs. Pour les propriétaires se trouvant dans des conditions moyennes, l'élevage ne sera donc pas plus coûteux, ni la vente plus difficile que ceux du cheval percheron. S'il se présentait une difficulté, ce ne serait donc que pour le petit propriétaire, ne pouvant faire les avances suffisantes en nourriture et n'ayant pas de pâturages clos ; mais outre que les mêmes obstacles se présentent pour lui dans l'élevage des chevaux du pays, lorsque les poulains issus d'étalons orientaux ont un an révolu, ils peuvent se suffire à eux-mêmes dans les pâturages d'un pays comme celui où l'on élève le cheval percheron, pourvu que l'herbe, en général de bonne qualité, soit assez abondante. Nous ne croyons pas que l'on puisse obtenir ainsi des animaux tout à fait irréprochables, mais tels cependant qu'il soit possible de les produire avec profit, et de les vendre de 1,000 à 1,200 fr., parvenus à l'âge de quatre à cinq ans. Nous avons déjà fait connaître les ressources et les débouchés qui se présentent pour l'élevage du cheval à deux fins ; on peut voir, par les raisons qui ont été déduites, qu'il n'est pas plus coûteux, ni que la vente doive en être moins assurée, puisque les produits peuvent convenir, suivant les individualités, à des services divers dont le plus habituel est celui que l'on demande au 7[10 des chevaux.

Nous avons dû, au reste, pour arriver à notre but, de prouver l'avantage du croisement arabe, le supposer entouré de l'ensemble des conditions les plus favorables, ensemble qui est loin d'être irréalisable, puisqu'il n'est autre que celui dans lequel se trouvent les beaux poulains percherons.

C'est pour la même raison que, considérant l'étalon oriental comme type de notre reproducteur, nous n'avons pas parlé de l'étalon algérien, quoique pour des motifs analogues, il soit capable, au moyen d'un choix bien entendu, nous en avons la conviction, de donner d'excellents résultats, non plus avec le percheron pur, mais avec la petite race dont nous avons signalé l'existence aux environs de Saint-Pol de Léon et de Mortagne et de quelques parties de l'Auvergne et des Pyrénées.

Nous voulons indiquer ici non le cheval barbe, répandu sur toute la surface de l'Algérie, mais le cheval appelé, par le général Daumas, cheval saharien, qui se rapproche le plus du type oriental, dont il est issu en droite ligne, et qui se trouve dans les tribus voisines du désert.

Nous terminerons en nous résumant de la manière suivante : le manque, en France, du cheval à deux fins est constant, l'utilité de ce genre de cheval est incontestable, elle augmente de jour en jour, il est essentiel de chercher à le produire ; cette production ne peut être obtenue que par le croisement d'une des meilleures races communes avec un cheval fin et pur, anglais ou arabe. L'expérience est là pour nous rappeler quels ont été, en général, les résultats du croisement anglais avec nos races communes ; la Lorraine, l'Alsace, quelques parties du Centre, la Normandie elle-même, n'ont-elles pas été inondées de ces produits soi-disant de sang, décousus, délicats, mal conformés, se nourrissant mal, rétifs, sans souffle ni énergie, aussi désagréables à l'œil qu'impropres à tous les services. De semblables croisements ont menacé aussi la race percheronne, que la nourriture la plus substantielle, le régime hygiénique le plus fortifiant n'eussent pu sauver de cette déplorable inoculation; ces tentatives ont produit de si beaux résultats, que les principaux éleveurs du Perche et de la Beauce ont cru devoir se réunir et se constituer en une société, qui a pour but de fournir des étalons de choix aux poulinières, et de proscrire tout étalon suspect de sang anglais.

Le croisement arabe, si fortement appuyé par le raisonnement, si conforme à toutes les règles admises, reste à essayer sur une échelle d'une certaine étendue, et avec les soins que l'on s'est obstiné avec si peu de succès à donner au croisement anglais avec nos races communes. L'origine de la race arabe se perd dans la nuit des temps, quoique depuis les époques historiques ses caractères excellents n'aient pas subi la moindre variation; elle est le type de toutes les autres; elle représente le cheval avant sa dégénérescence, le modèle dont nous devons sans cesse chercher à nous rapprocher; autant que le comportent les circonstances dans lequel doivent vivre et servir les produits. N'est-ce pas en elle que les Anglais ont puisé leurs améliorateurs? Le cheval arabe n'est-il pas le père du cheval de sang? Et n'est-ce pas pour vouloir s'écarter de ce modèle primitif qu'ils rendent en ce moment, si rare chez eux, le nombre des chevaux parfaits et de service irréprochable? Pourquoi suivrions-nous une autre voie que celle que leurs premiers succès nous ont tracée, et irions-nous nous adresser à une race nouvelle, artificiellement obtenue et conservée, ne présentant de fixité certaine que dans le pays pour lequel elle a été créée, au lieu de remonter à la source pure, à la race-mère et immuable, pour obtenir enfin, nous-mêmes, ce qui l'a été depuis tant d'années par eux auprès de nous.

www.ingramcontent.com/pod-product-compliance
Lightning Source LLC
Chambersburg PA
CBHW060810280326
41934CB00010B/2626